Christian Marquart

Beetlemania

Verlag form

„Sind die Achtziger erst mal vorbei, lassen die Neunziger die Sechziger wie die Fünfzigerjahre aussehen."
Dennis Hopper in Flashback

Erster Gang

Er lief. Und lief. Und lief. Und lief. Er fuhr einfach. Er fuhr sich wie von selbst. Das heißt: Er fuhr praktisch selbst. Der Volkswagen.

Das deutsche Wirtschaftswunderauto. Schließlich das klassenlose Weltauto. Oder auch – eine Klasse für sich. Das Produkt, das mit einzigartiger Hartnäckigkeit über sechs Jahrzehnte hinweg seine markante Erscheinung bewahrte. Die Legende. Unser aller Käfer, der gute alte Käfer.

Der neue Käfer ist ein Amerikaner. Sein Name: New Beetle. Er fährt sich nicht von selbst wie der alte Käfer. Dazu ist er viel zu flott. Wer ihn fahren will, muß ihn schon fest in die Hand nehmen. Und mit der Käfer-Tradition ist das so eine Sache. Die Volkswagen-Legende hat zwar den New Beetle auf die Räder und in Fahrt gebracht. Aber sie wird ihn nicht lange begleiten, und schon gar nicht wird er an ihr weiterstricken. Denn der New Beetle ist ein neues Auto. Ein ganz anderes Auto. Ein Auto von heute, doch durchaus mit eigener Zukunft.

Käfer: Insekten, sogenannte Deckflügler. Fachliche Bezeichnung Coleoptera.
Es existieren mehrere hunderttausend Arten. Sowohl die alten wie die neuen VW-Käfer (Coleoptera wolfsburgensis) zählen zu den größten überhaupt.

Der New Beetle ist ein Ami, aber nicht nur. Die Vision des neuen Käfers entstand im kalifornischen Designstudio von VW und Audi. Zur Serienreife entwickelt wurde er in Wolfsburg, der VW-Stadt, die einst auf Befehl des Diktators Adolf Hitler als „Stadt des KdF-Wagens" gegründet wurde.

Das Vertriebskonzept des New Beetle zielte zunächst allein auf die „Nischen" des US-Marktes. Produziert wird das Auto in der mexikanischen Stadt Puebla, in unmittelbarer Nachbarschaft zu jenen Werkshallen, in denen auch heute noch der „alte" Käfer produziert wird – für die lateinamerikanischen Märkte. Denn in die Vereinigten Staaten darf der traditionelle Volkswagen nicht mehr eingeführt werden, weil er den zunehmend rigoroser gewordenen Emissionsrichtlinien der US-Regierung nicht entspricht.

Gleichwohl ist der Käfer-Mythos in Nordamerika lebendig und ungebrochen. Sieht man genauer hin, ist sogar einzuräumen: Der Käfer-Mythos ist erst in den Vereinigten Staaten entstanden und kultiviert worden, bevor er in die Bundesrepublik gewissermaßen exportiert wurde – zusammen mit dem Jugendprotest, der Hippiekultur und der amerikanischen Rockmusik.

Doch, doch: Im Deutschland der fünfziger und sechziger Jahre hieß der Volkswagen ganz korrekt Volkswagen, nüchtern abgekürzt eben „Vauweh". Wer ihn sich dort in den kargen Nachkriegsjahren leisten konnte, sah zunächst durchaus keinen Anlaß zur Verniedlichung des kurios aussehenden Wagens. Denn er war nicht billig.

1950 kostete ein Volkswagen ungefähr 4400 Mark. Eine solche Investition konnten sich zunächst nur wenige Privilegierte erlauben. Allerdings wurde der Volkswagen im Verlauf des ersten Nachkriegsjahrzehnts erschwinglicher; die Einkommen stiegen, und weil man in Wolfsburg kräftig rationalisierte, sank der Anschaffungspreis für einen Standard-VW im Verlauf der fünfziger Jahre auf 3790 Mark.

Graubraune Vorzeit: Der KdF-Wagen (links) und der VW 30 mit geteilter Fronthaube (rechts).

IIA 0426

Adolfs Volksauto auf Hitlers Autobahnen: In der Reklame erscheint der Urkäfer elegant gestreckt.

dF Wagen

Ein Auto für alle Jahreszeiten.

Daß aus dem Volkswagen der Käfer werden konnte, verdanken wir zunächst einer großen, bedeutenden Zeitung. Chronisten wollen wissen, daß die Käfer-Metapher, die dann gleich zum amerikanischen (*Beetle*) und schließlich zum deutschen Kosenamen des Autos wurde, von der *New York Times* in die Welt gesetzt wurde – ausgerechnet in einem Bericht über die frühe Geschichte des Volkswagens, die in den dreißiger Jahren unter dem nationalsozialistischen Regime begann und dann abrupt unterbrochen wurde. Denn Hitler sollte sein Versprechen nicht einlösen, die Deutschen zu einer Nation von Autobesitzern zu machen; er ließ vielmehr, als der Volkswagen endlich produktionsreif war, in der neuen Fabrikstadt Kübelwagen für seine Eroberungsfeldzüge bauen.

Immerhin, so konnte der Volkswagen ganz gut seine politische Unschuld bewahren und in die Jahre des deutschen Wiederaufbaus und des Wirtschaftswunders hinüberretten. Dieses Wirtschaftswunder war nicht zuletzt auch ein Exportwunder. Die Amerikaner lernten das rundliche Auto, das sich so merkwürdig von den teils bulligen, teils barock

anmutenden amerikanischen Straßenkreuzern unterschied, nach der Gründung der Volkswagen of America Inc. im Jahr 1955 kennen. Sie kauften es schließlich zu Millionen, als billiges Starter-Automobil, als lustiges Zweitauto, als Knutschgondel, schließlich als Symbol eines alternativen Lebensstils, der den amerikanischen Traum aus seiner Fixierung auf das Materielle zu lösen versuchte.

Es mußte fast so kommen: Aus dem Beetle, dem knuddligen, wiewohl etwas unbeholfenen Käfer wurde in Amerika der „love bug", eine Art Familienmitglied, das zufällig in

VW
VOLKSWAGEN
Rêve d'hier... Réalité d'aujourd'hui

der Garage übernachtete. Der „love bug" war für jeden Streich zu haben und obendrein diskret. Amerikas Jugend absolvierte (wenngleich unter manchen Verrenkungen) in diesem Gefährt die ersten „Käferstündchen". Hippies beizten das einfache Interieur des Wagens mit dem Qualm der Cannabis-Staude und bemalten die schwungvolle Karosserie außen mit psychedelischen Farborgien und antiautoritären Sinnsprüchen.

Im Jahr 1969 kam der erste von insgesamt vier *Herbie*-Filmen in die Kinos. Mit der Erhebung in den Olymp der Hollywood-Stars durch die Disney-Studios wurde der Volkswagen in den Vereinigten Staaten endgültig zur persona gratissima: ein lebendiges Wesen mit Herz und ein bißchen Hirn, über dessen offenkundige physische bzw. technische Schwächen die jeweiligen Besitzer großzügig hinwegsahen und für dessen Wohlergehen sie sich verantwortlich fühlten.

Oben: „Herbie", Walt Disneys toller Käfer.

Links: „Der Traum von gestern ... heute Wirklichkeit?": VW-Werbung in Belgien, 1947.

Und das bis heute. Der Beetle ist, 20 Jahre nach der Produktionseinstellung in Deutschland, vor allem an der amerikanischen Westküste im Straßenbild noch sehr präsent – und in den Köpfen der mobilsten Nation der Welt nicht minder. Die Amerikaner werden nicht nur sentimental beim Gedanken respektive Gedenken an den Käfer, sondern geradezu philosophisch. In Anlehnung an Friedrich Nietzsches Fabel vom Übermenschen in *Also sprach Zarathustra* bezeichnete ein US-Magazin Volkswagens erfolgreichstes Auto als „über-car" – das Über-Auto. Wen wundert es da, daß sich das Wolfsburger Unternehmen Anfang der neunziger Jahre Gedanken darüber machte, ob nicht auch künftig mit der vierrädrigen Metapher Markenpolitik zu machen sei?

Im Januar 1991 eröffnen die deutschen Autoproduzenten Volkswagen und Audi gemeinsam ein Designstudio in Simi Valley, Kalifornien. Hintergrund ist die Absicht, die Position der wirtschaftlich miteinander verbundenen Firmen auf dem nordamerikanischen Markt zu stärken. Dem international zusammengesetzten Designer-Team soll gelingen, was die Nachfolgemodelle des Käfers – Golf, Jetta, Vento –, aber auch die Audi-Baureihen mit ihrem relativen (und zeitweilig grundlos angekratzten) Nobel-Image nicht schafften: Die Marken neuerlich und ähnlich nachhaltig im Bewußtsein der amerikanischen Autofahrer zu verankern, wie das einst mit dem Beetle-Käfer gelungen war.

Ein Jahr später herrscht unter den Designern in Simi Valley Einigkeit darüber, daß das Wesen, genauer: die Substanz der Marke Volkswagen dem US-Publikum wohl am besten über die Wiederbelebung des Käfer-Mythos zu vermitteln sei. Nach wie vor ist der „love bug" in Amerika das Synonym für VW. Es entsteht ein „concept car", das die klassische Käfer-Form aufnimmt und modern interpretiert. Im Jahr 1994 steht das Auto auf der *Detroit Auto Show* und löst Beifallsstürme aus: „Concept 1" sieht einfach noch runder, noch putziger, noch käferiger aus als der alte Beetle. Schon 1995 hat sich das „concept car" in den New Beetle verwandelt. Er wird zur Serienreife entwickelt und kommt 1998 auf den Markt: Zunächst in den USA, dann auch in Europa.

„The bug": Imagewerbung der Agentur Doyle, Dane, Bernbach (DDB).

Alles relativ: Zweiter Gang oder Rückwärtsgang?

„Es gibt Formen, die man nicht verbessern kann", lautete die Headline einer Volkswagen-Werbeanzeige aus den frühen sechziger Jahren. Über dem schmalen Textblock schwebte vor dunklem Hintergrund ein Ei, auf das in exakten, feinen Linien die Heckpartie eines VW-Käfers gezeichnet war. Der Autokonzern und seine Werbeagentur DDB (Doyle, Dane and Bernbach) ironisierten so die fast schon evidente und sachlich durchaus begründbare Rückständigkeit des Fahrzeugkonzepts, das zu dieser Zeit ja immerhin schon ein Vierteljahrhundert alt war. Mit dem Hinweis auf die Einfachheit und Reparaturfreundlichkeit des Wagens bemühten die Wolfsburger ebenso mutig wie augenzwinkernd den Vergleich mit dem perfekt geformten Ei des Kolumbus. Mehr als zweitausend Anlässe für Änderungen habe es beim Käfer schon gegeben: „So haben wir das Ei verbessert. Von innen heraus. Ohne es zu zerbrechen."

Auch technische Laien wußten damals allerdings schon, daß die weich gerundete „Stromlinienform" des buckligen Autos aerodynamisch keine Vorteile versprach, daß der Käfer vielmehr ziemlich seitenwindempfindlich war. Sie kannten die Tücken des Heckantriebs, hatten wegen der Unübersichtlichkeit des Autos Schwierigkeiten beim Einparken und ärgerten sich über den geringen Stauraum unter der Fronthaube.

Aber: die archetypisch anmutende Form des Autos strahlte dennoch Vertrauenswürdigkeit aus. Sie hatte sogar Kraft – soviel Kraft, daß man die kümmerlichen 24 oder 34 Pferdestärken glatt vergaß, die das Fahrzeug antrieben. Das unverwechselbare, halbwegs kompakte und dabei verhalten elegante Design vermittelte ein Gefühl freundlicher, selbstverständlicher Geborgenheit. Die Gestalt war sympathisch, weckte Zuneigung. Dabei sah das Auto gleich auch noch praktischer aus, als es wirklich war – mit seinen funktionslosen Trittbrettern, mit dem Haltegriff am Armaturenbrett auf der Beifahrerseite, mit der symmetrischen Instrumententafel.

Solange es den Käfer gab, konnte sich tatsächlich niemand vorstellen, daß das Fahrzeug im Äußeren wesentliche Änderungen vertrüge, ohne dabei seine eigentümliche Identität zu verlieren. Nur so ist erklärbar, daß sich das Käuferpublikum von der technischen Rückständigkeit des

„Wir sind wieder wer": Accessoires der mobilen Nachkriegsbourgeoisie.

Wagens über Jahrzehnte hinweg nicht beeindrucken ließ und massenweise dem Käfer die Treue hielt. Und all die Getreuen haben im Prinzip recht behalten: Der New Beetle ist ein anderes Auto als der klassische Käfer – nicht nur wegen seines grundsätzlich modernisierten technischen Innenlebens, nicht nur wegen der vervielfachten Motorleistung, nicht nur wegen des Frontmotors und -antriebs. Denn das Design des New Beetle verkörpert eine ganz andere Art von morphologischem Fundamentalismus als der Käfer, auch wenn dominante Elemente der alten Grundversion in der neuen Karosse wieder auftauchen: das bogenförmige Dach, dessen Schwung sich in der Heckhaube nach unten fortsetzt, die gerundete Fronthaube, die schwellenden Kotflügel und ihre symmetrische Anmutung, die (beim New Beetle nur angedeuteten) Trittbretter, die dem Schwung der Kotflügel an- bzw. eingepaßten Scheinwerfer.

Die formalen Ähnlichkeiten zwischen dem alten und dem neuen Beetle, die sich – je nach Perspektive des Betrachters – als Übereinstimmungen darstellen oder eben auch als Differenzen, haben unter den Fachleuten eine intensive und anhaltende Debatte über das sogenannte Retro-Design ausgelöst. Denn Volkswagen steht nicht alleine im Bemühen, ehemals erfolgreiche Produkte zu revitalisieren: Citroën denkt über eine neue Ente nach, und den neu-alten Renault R4 gibt es schon auf dem Papier.

Retro? Das bedeutet rückwärtsgewandt. Retro....instrumentalisiert Dagewesenes, um es neuerlich zu verwerten. Retro-Design, das bewährte oder eben auch veraltete, aber immerhin gefühlsbesetzte Gestaltungselemente einsetzt, um neue Produkte marktfähiger zu machen, sei unehrlich, betrügerisch und kitschig: sagen die Kritiker.

Retro-Design sei durchaus legitim, meinen im Gegenzug die Befürworter. Design sei nicht zuletzt eine Sache der

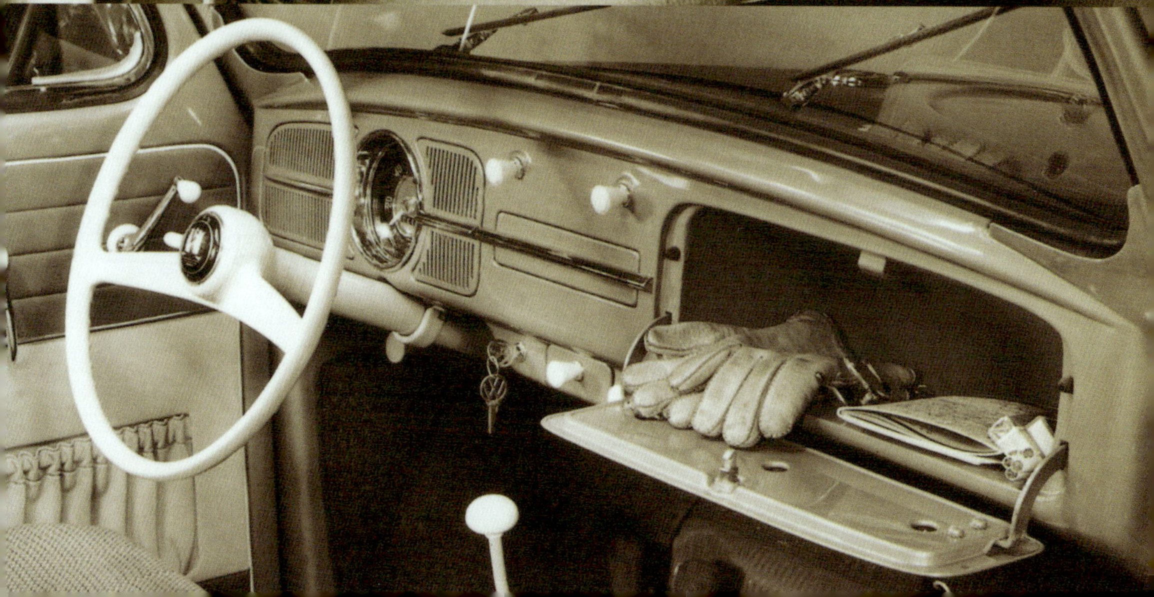

Open on futuristic archeologists in a barren landscape.

MVO:
the place, the desert.
The year, 2270.

Who knows 300 years from now someone may find a 1970 Volkswagen still running.

Because the 1970 VW has a new longer lasting engine.

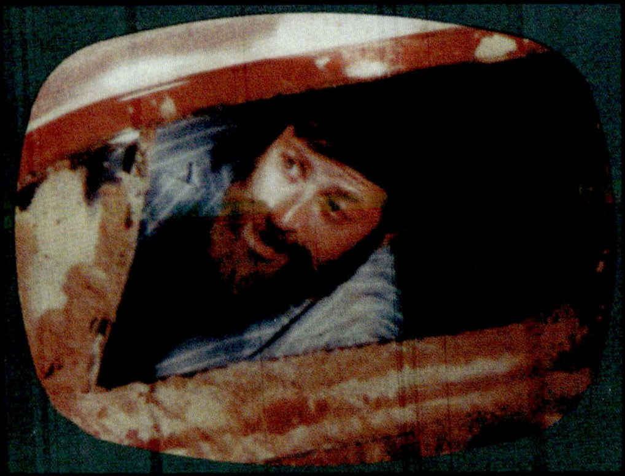

Driver: Thanks.

MVO:
The 1970 VW engine is bigger, more powerful, yet weighs the same as our old engine. So it doesn't have to work as hard.

The way we figure it will last longer than any other VW engine.
How much longer?
Who knows.

Sinnlichkeit, der Emotionen und auch des Vergnügens. Und wenn diese Emotionen auf dem Konsumgütermarkt nun mal vorhanden seien und entsprechend befriedigt würden, sei daran wenig auszusetzen.

Der neue kleine Krieg um das Retro-Design wird in Deutschland zumindest teilweise mit der typisch teutonischen Verbissenheit geführt. Grundsätze seien berührt. Prinzipien würden verletzt. Qualität stehe auf dem Spiel. Wirklich?

Volkswagens New Beetle mußte schon als kardinales Beispiel für Kritiker und Befürworter des Retro-Designs herhalten, als die meisten Kombattanten hierzulande das Auto noch gar nicht in Augenschein genommen hatten. Aber die Debatte kann immerhin jetzt ernsthaft geführt werden – das Auto ist da, man kann es ansehen, anfassen, damit fahren. Wieviel daran ist „retro", und was ist neu? Wenn man, was beide Seiten tun, vom „Geist" des Produkts spricht und vom Zeitgeist, kommt man schnell zu den Sachen selbst: zu den Verwendungszusammenhängen, in denen der alte Käfer stand und in die der neue hineingestellt wird. Und diese Zusammenhänge (wie auch die Differenzen) haben nicht nur mit konkreten Formen zu tun, mit Trittbrettern, Blinkern und Winkern. Es geht auch darum, auf welche Weise sich die Hersteller und Benutzer dem Produkt nähern – also zum Beispiel um Produktions- und Aneignungsweisen.

Design ist unsichtbar – zu nicht geringen Teilen. So ist es vielleicht zuerst einmal nützlich, den klassischen Volkswagen der Deutschen dem klassischen Beetle der Amerikaner gegenüberzustellen. Vielleicht handelte es sich ja um ganz verschiedene Autos, die zufällig gleich aussahen? Hätte Herbie, der rollende Filmstar, seinerzeit im jungen deutschen Film eine tragende Rolle übernehmen können? Hätte man ihn dann Herbert genannt, oder Berti, oder möglicherweise Karl-Otto?

Der Käfer wird fernsehreif. TV-Spot von Doyle, Dane, Bernbach Inc.

nächste Doppelseite:
Käferfahren schützt vor Strafzettel nicht ... Filmstill aus Walt Disney`s „Herbie, ein toller Käfer".

Zwischengas

Was den guten alten deutschen Volkswagen von seinem personifizierten amerikanischen Verwandten Herbie, dem Beetle oder „love bug" unterscheidet, sind kulturelle Prägungen. Die Amerikaner, zu Hause in einem unendlich weiten Land, sind spätestens seit den zwanziger Jahren ein fahrendes Volk. Henry Ford, der „Erfinder" der Fließbandproduktion, machte mit dem berühmten Modell T (Tin Lizzy) seine Landsleute in großem Maßstab zu Autobesitzern. Als in Amerika der Siegeszug des Ford T begann – Tin Lizzy war vor dem Volkswagen das meistverkaufte Auto der Welt –, wurden in Deutschland Automobile noch ausschließlich für eine kleine Schicht wohlhabender Bürger gebaut. „Kleinwagen" im heute geläufigen Sinn gab es nicht auf dem Markt, sondern nur allerlei primitive fahrbare Untersätze oder miniaturisierte Motorkutschen, die das Bild der Luxuskarosse auf dürftigste Weise widerzuspiegeln versuchten.

Pure Sinnenlust: Das neue, ungeteilte Heckfenster der 53er Serie steht für den Fahrspaß der Wirtschaftswunderjahre.

Daß ein Automobil für breite Publikums- und Käuferschichten eines ganz neuen, spezifischen Konzepts bedürfe, hat in Deutschland erst der „Vater" des Volkswagens, der Konstrukteur Ferdinand Porsche, zur Sprache gebracht: „Ich verstehe unter einem Volkswagen kein Kleinfahrzeug, das durch künstliche Verringerung seiner Abmessungen, seiner Leistung, seines Gewichts usw. die Tradition der bisherigen Erzeugnisse auf diesem Gebiet nach Storchschnabelmanier weiterführt." Mit anderen Worten: Porsches Ziel war es, ein „richtiges" Auto zu sehr moderaten Preisen anzubieten, hinter dessen hohem Gebrauchswert alle Image- und Klassenprobleme verblassen würden.

In Adolf Hitler fand Porsche schließlich einen Auftraggeber, der die Motorisierung der deutschen Volksgenossen zum Propagandaziel erhob. Die Vorgabe des „Führers": Der neue Volkswagen sollte weniger als tausend Mark kosten;

BN 383-368

Wandlungen eines Käfers: Vom deutschen Wirtschaftswunder-Symbol zur Hippie-Ikone.

den Vertrieb sollte mittels eines Sparmodells (5 Mark pro Woche beziehungsweise pro Monat) die nationalsozialistische Freizeitorganisation „KdF – Kraft durch Freude" organisieren. Zu dieser Zeit waren bereits andere kleine Wagen auf dem deutschen Markt, jedoch zu deutlich höheren Preisen.

Das Konzept der Nazis ging jedoch wirtschaftlich nicht auf. Trotz großen Publikumsinteresses am KdF-Wagen – dem Ur-Käfer – kalkulierte man 1939 die Kosten pro Automobil auf etwa 2000 Reichsmark: mehr als das Doppelte des angepeilten Verkaufspreises. Und nicht einmal den konnte die Masse der Volksgenossen aufbringen. Die Vertragsabschlüsse erreichten insgesamt nicht annähernd den geplanten Ausstoß eines einzigen Produktionsjahrs. Bis auf wenige Vorserienmodelle blieb der erste Käfer deshalb ungebaut. Und die Deutschen benutzten in den folgenden fünf Jahren vorzugsweise Militärfahrzeuge.

Die eigentliche Motorisierung der Nation erfolgte also erst in den Nachkriegsjahrzehnten. Die Rolle, die der Volkswagen dabei übernahm, wurde schon kurz angedeutet. Sein Erwerb war in Deutschland lange Zeit keineswegs selbstverständlich und bedurfte beträchtlicher Anstrengungen. Obwohl das Auto nun schon zum Alltag gehörte, war es doch nur unzulänglich mit dem privaten Leben verbunden. Die individuelle Motorisierung war das Privileg von Familienoberhäuptern: Vater fuhr mit dem Auto zur Arbeit, Vater chauffierte die Familie ins Wochenende und in den Urlaub. Er wachte eifersüchtig über das Gefährt, die Gattin durfte nur selten ans Steuer (wenn sie überhaupt schon einen Führerschein hatte), erst recht der Nachwuchs. Aus der Perspektive der Deutschen liest sich die Volkswagenlegende deshalb ganz anders als aus der Sicht der Amerikaner: Der Käfer war die erste richtige Familienkutsche – mög-

licherweise Papas Kleinod, aber kein Familienmitglied, kein Kamerad für alle.

Anders in Amerika: Dort war die allgemeine Motorisierung der privaten Haushalte praktisch abgeschlossen, und ist hier lebensnotwendiges Gebrauchsgut. Die unzureichende Struktur des öffentlichen Personen-(nah-)verkehrs zwingt schon die Halbwüchsigen ins Auto: Mit 16 Jahren darf, nein: muß ein Jugendlicher fahren können, wenn er für Muttern auch nur ein paar Einkäufe erledigen will.

Zeitreise: Nazi-Propaganda für den KdF-Wagen (links) und Beetle-Inszenierung vor kalifornischer Kulisse (oben).

Folgende Seiten: Käfer-Reklame aus den 60er Jahren.

Als die Deutschen ihr erstes Auto anschafften, kauften sich die Amerikaner ihre Zweit- und Drittwagen, zum Beispiel die billigen Käfer. Der Beetle durfte sein, was die Primär-Limousine des Durchschnittsamerikaners nicht sein soll – klein, mollig, niedlich, ulkig. „Think small" lautete die Aufforderung der amerikanischen VW-Werbung. „Think small" war auch das passende Motto, einen relativ kleinen Wagen wie den VW ins amerikanische Familienleben zu integrieren oder junge Leute für das erste eigene, individuelle Auto zu begeistern. So wurde der Beetle in den Sechzigern und Siebzigern auch zum Vehikel einer alternativen Jugendkultur, die der Power-Gesellschaft der amerikanischen Weltmacht die legendäre Flower Power entgegensetzte.

Die Erinnerungen, die sich an diese Zeit und an die Gebrauchsweisen des Beetle knüpfen, sind nun – jedenfalls in Amerika – das Startkapital des New Beetle: „If you sold your soul in the 80's, here's the chance to buy it back", so Volkswagens Angebot an die Käufer in den USA: Wenn Sie Ihre Seele in den achtziger Jahren verkauft haben, können Sie sie jetzt zurückkaufen. Die Zielgruppe des Slogans ist klar: erfolgreiche Nostalgiker, die eine Spur ihres früheren „richtigen" Lebens im späteren falschen wiederfinden wollen.

Es gibt Formen, die man nicht verbessern kann.

Was sollten wir an der Form des VW verbessern? Sie hat Sinn und Zweck. Sie verkörpert eine Idee.

Eine?

Eine ganze Sammlung von Ideen.

Die abgerundete Vorderhaube gibt gute Sicht bis kurz vor den Wagen.

Die Kotflügel kann man einzeln auswechseln. Ohne den halben Wagen erneuern zu müssen. (Ein Kotflügel vorn kostet DM 43,25. Grundiert.)

Das Heck ist aerodynamisch.

Der Boden ist vollkommen dicht.

Alles ist glatt und rund an diesem Wagen. Alles Stromlinie.

Warum also ist die VW-Form so zeitlos?

Weil sie vernünftig ist. Und praktisch. Und so verblüffend einfach. Wie das Ei des Kolumbus.

Wir ändern diese Form nicht um des Änderns willen. Wenn wir aber einen Grund haben, den VW von innen heraus zu verbessern, dann tun wir das. Bis heute haben wir 2064 Gründe gefunden.

So haben wir das Ei verbessert. Von innen heraus. Ohne es zu zerbrechen.

Werden wir den Käfer je sterben lassen?

Es ist häufig die Rede davon, daß wir den Käfer aus der Welt schaffen wollen.

Davon kann keine Rede sein. (Wenn wir etwas aus der Welt schaffen wollen, dann das Gerücht, daß wir den Volkswagen aus der Welt schaffen wollen.)

Warum sollten wir?

Wir haben vor 10 Jahren nicht aufgehört, ihn zu bauen, als wir 200 000 von ihm im Jahr verkauften.

Warum sollten wir dann heute aufhören, da wir 900 000 von ihm im Jahr verkaufen?

Sie können so etwas nicht eine „Die-wollen-den-Käfer-nur-künstlich-am-Leben-erhalten"-Politik nennen.

Wir bauen den VW für die vielen Leute, von denen wir wissen, daß sie eine vernünftige Menge Geld in eine vernünftige Menge Auto stecken wollen.

Für diese Leute haben wir eine Information aus erster Hand.

Der Käfer wird leben, Sie können dessen sicher sein.

Totsicher.

vorangehende Seite:
„Der Käfer wird leben…" Die Werbestrategen als Propheten des späten 20. Jahrhunderts.

Wiedergeburt als Markenpolitik: amerikanische Werbung für den New Beetle. Die Marke Volkswagen verbindet sich in den Köpfen der Amerikaner immer noch mit dem Bild des „love bug“.

Dritter Gang: „Concept 1"

Initiator jenes Konzeptautos, dessen Design zur Grundlage für die Entwicklung des New Beetle werden sollte, ist Hartmut Warkuß – Anfang der neunziger Jahre noch verantwortlicher Designer bei Audi, aber gedanklich schon auf halbem Weg nach Wolfsburg, wo er 1993 die Designabteilung des Volkswagenkonzerns übernimmt. „Concept 1" ist gedacht als Studie für alternative Antriebsformen. Bietet sich da nicht geradezu an, das technologisch Neue, Ungewohnte, Riskante in eine vertraute Form zu kleiden? Niemand denkt zwar 1993 ernsthaft daran, der VW-Konzern könne sich irgendwann dazu entschließen, im Zusammenhang mit neuen Motorkonzepten eine Käfer-Replik auf den Markt zu werfen. Aber die Designer im Studio von Simi Valley verstehen ihr Fach und sind deshalb auch keine schlechten Marktforscher: Sie wissen, daß sich mit dem Käfer-Mythos immer noch Aufmerksamkeit wecken läßt – für das Unternehmen, für die Marke, für innovative VW-Projekte, auch für die Modellreihen, die dem Käfer nachfolgten.

„Concept 1" entsteht, technisch gesehen, auf der Plattform des Golf 4; das heißt, die Grundelemente und -maße des neuen Autos sind mit dem vorhandenen Serienprodukt nahezu identisch. Dennoch ist auf so einer Plattform fast alles möglich.

Die Gestalter von „Concept 1" radikalisieren die Formsprache des alten Käfers, indem sie alle traditionellen Rundformen – Buckeldach, Front- und Heckklappe, Kotflügel – so weit wie möglich der Geometrie von Kreis und Kugel annähern. Sämtliche Flächen erscheinen konsequent geglättet; man findet keine Sicken und Stufen mehr. Beleuchtungskörper, die sich beim alten Käfer „organisch", gewissermaßen warzenartig an die Karosserie anschmiegten,

Zeichnungen links und unten: Erste Skizzen von „Concept 1".

sind nun formschlüssig in die Oberflächen integriert. Lineaturen, die nicht der Kreisgeometrie folgen, präsentieren sich optisch als exakte Geraden – nicht zuletzt die Blechfugen.

Die radikale Geschlossenheit des Gesamtbilds einerseits und die recht großzügige Verglasung des Fahrzeugs andererseits betonen allerdings auch die Differenz zum Design des Käfers. Dessen Silhouette und Lineament waren sehr viel weniger streng – im Vergleich zum kalifornischen „concept car" handelt es sich schon eher um eine Art Jugendstil. Die weit nach vorn gestreckte Windschutzscheibe der Designstudie bildet vielleicht den schärfsten Kontrast zum Erscheinungsbild des klassischen Volks-

wagens: Dessen steile Frontverglasung löste ja die tendenziell geschlossene Form auf und teilte das Automobil in der Seitenansicht quasi in zwei Teile – den Passagier- und den Kofferraum.

Dennoch bleibt eine direkte Anspielung an den Käfer zu erwähnen. Im Bug des „Concept 1" findet man rechts und links an den Kotflügeln zwei ovale Sieblöcher, welche die Hupengitter des alten Käfers zitieren: Waschechtes Retro-Design, das hier allerdings die Funktion der Kühler-Belüftung übernommen hat.

Ein konventionelles Antriebsaggregat hätte in der rigorosen Geometrie dieses „Concept 1" keinen Platz gefunden.

Das charakteristische Design von „Concept 1" sollte Aufmerksamkeit wecken für neue Antriebskonzepte von Volkswagen – zunächst.

Auch die Integration der im wirklichen Autoleben natürlich unentbehrlichen Stoßfänger wäre bei diesem kurzgehaltenen Auto kaum möglich gewesen. So mußte Volkswagen – als die futuristische Käfer-Studie 1994 bei der *Detroit Auto Show* einen sensationellen Publikumserfolg erzielte und die amerikanische Händlerschaft auch gleich dem Konzern signalisierte, daß die USA nun reif für einen neuen „love bug" seien – die Entwicklung des ersehnten New Beetle noch einmal ganz neu aufrollen. Dies geschah in der Wolfsburger Zentrale: So betrachtet, repräsentiert das in Kalifornien erdachte, in Mexiko produzierte neue Kultauto von Volkswagen ja doch noch ein gutes Stück deutscher Wertarbeit.

In der Design-Werkstatt: Der Weg vom Plastilinmodell zum „lebensechten" Show Car ist lang und steinig.

Nächste Doppelseite:
Der New Beetle von oben besehen. (Konstruktionszeichnung)

Vierter Gang: Der New Beetle

Die meisten Designstudien, die in der Automobilindustrie angefertigt werden, bleiben auf der Strecke. Als Volkswagen 1994 nach dem großen Erfolg des „Concept 1" bekanntgab, daß der New Beetle tatsächlich gebaut werden würde, wuchs in der Fachwelt die Spannung, ob es den Wolfsburgern gelingen werde, ein Auto auf Band zu legen, das tatsächlich das Erscheinungsbild des „Concept 1" einigermaßen treu in ein volltaugliches Serienprodukt übersetzen würde.

Das Hauptproblem, das sich den Designern und Entwicklern stellte, war das größere Fahrzeugvolumen, das durch technische Notwendigkeiten nötig wurde. Der Antrieb benötigte mehr Platz, als in der Designstudie vorgesehen war. Die Stoßfänger waren manierlich in das Gehäuse zu integrieren. Schließlich sollte der Viersitzer, dessen kreisförmige und weit vorn ansetzende Dachrundung ja den Luftraum im hinteren Bereich der Fahrgastzelle drastisch verminderte, nicht unversehens zum Zweisitzer werden.

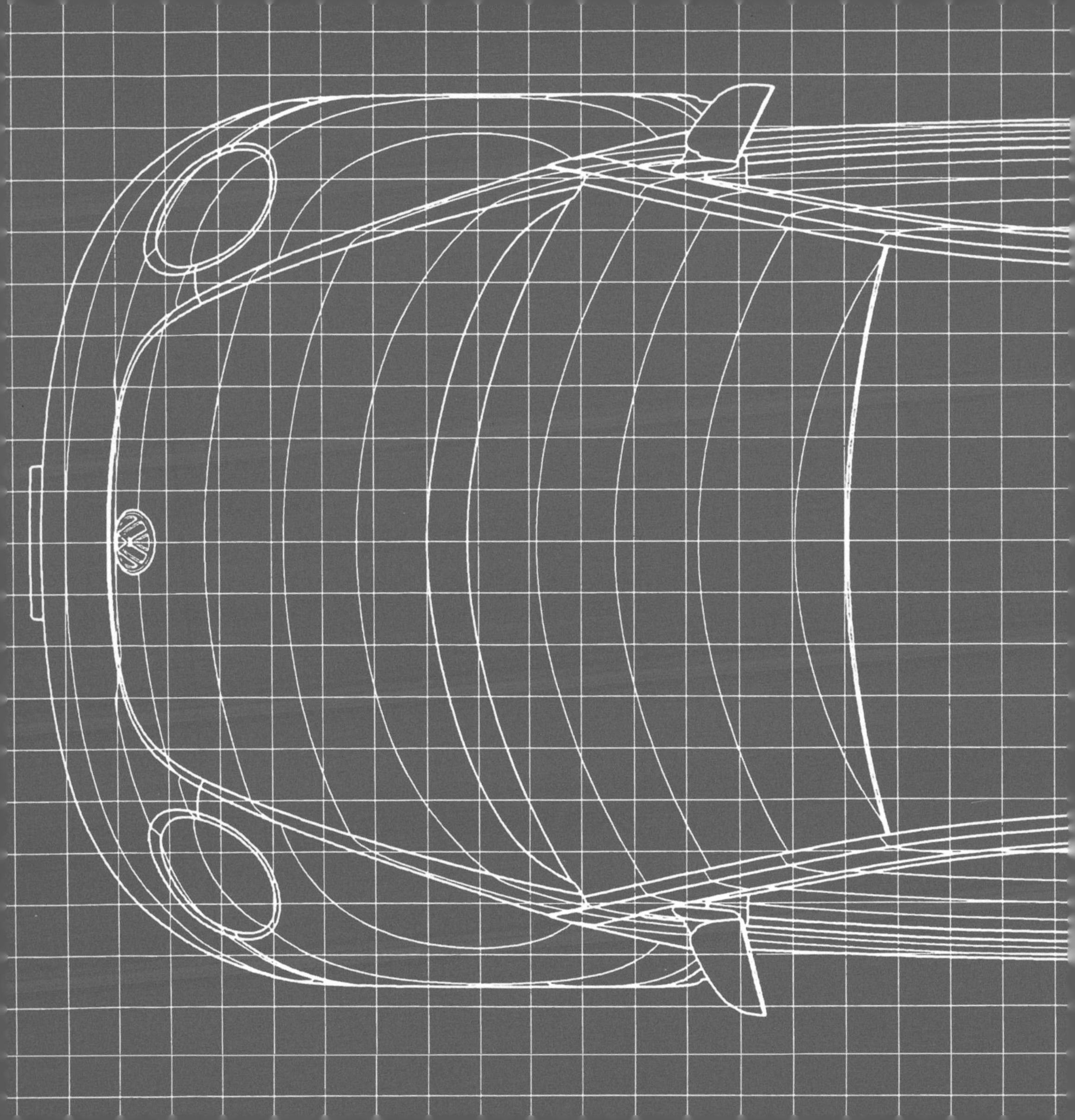

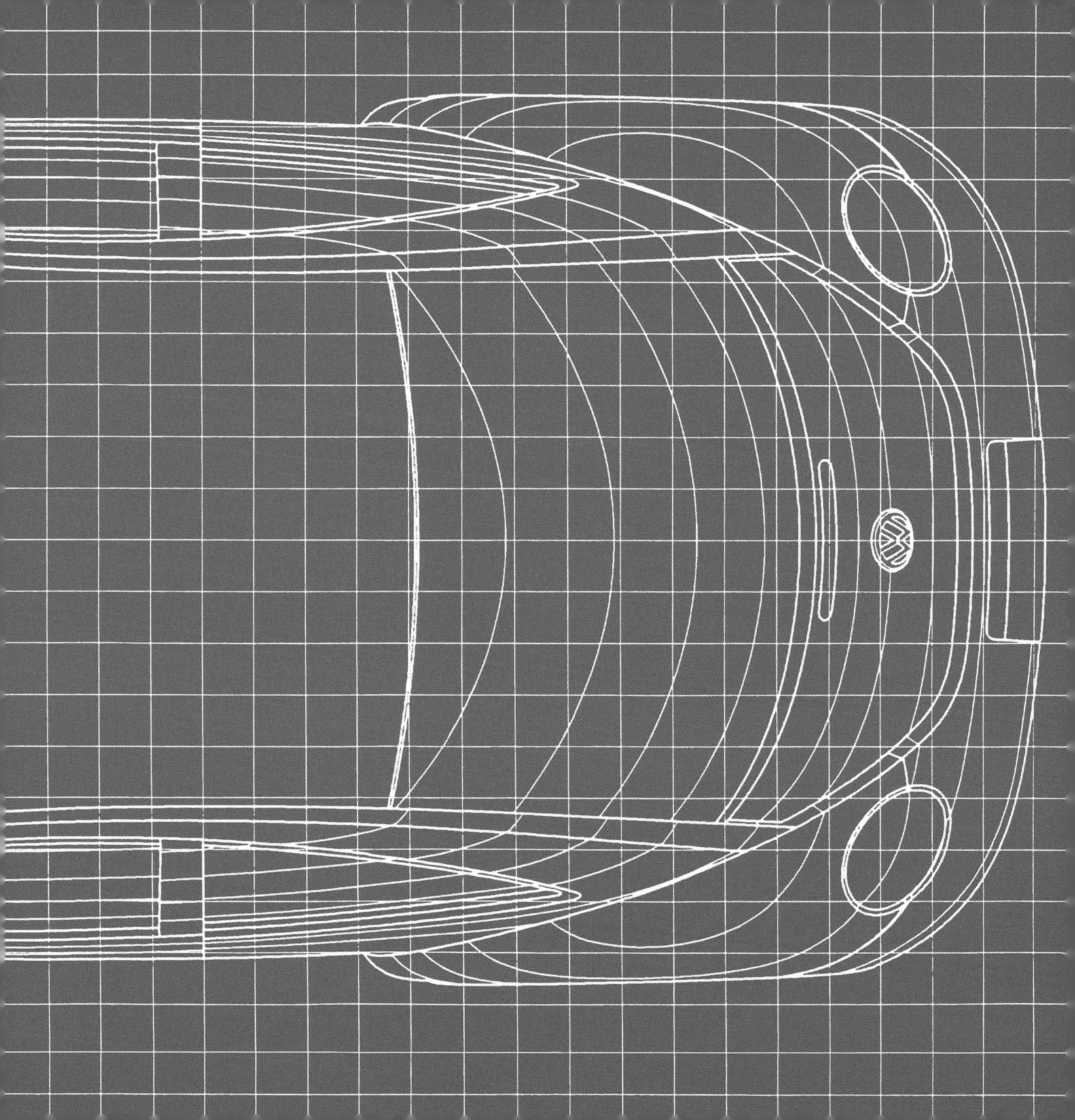

Geometrie, fast pur: Das Beetle-Logo, der neue Käfer (rechts oben) und „Concept 1", das erste Modell aus Kunststoff im Maßstab 1:4 (rechts unten).

So streckte sich der New Beetle und wuchs um einige Zentimeter über das Konzeptauto hinaus – „dramatisch" aus Sicht der puristisch denkenden Designer. Gleichwohl galt es, das neue Fahrzeug mit der vorgegebenen Golf-Palette kompatibel zu halten – was zur Folge hatte, daß die Überhänge größer wurden.

Der New Beetle erhielt an der vorderen und hinteren Partie einen bodennahen Wulst – die Stoßfänger. Die Frontschürze wurde unter dem Stoßfänger noch einmal aufgeschnitten, um dem Kühler einen schmallippigen Lufteinlaß zu verschaffen. Er beeinträchtigt die Physiognomie des Autos, die durch den Schwung der vorderen Haube – jetzt Motorhaube! – ein wenig an einen lächelnden Killerwal erinnert, allerdings so gut wie nicht.

Man findet am New Beetle Blinker, die beim „Concept 1" noch in die Leuchten integriert waren, und deutlich größere Außenspiegel. Generell aber kann man sagen, daß der Gesamteindruck des Serienautos nicht allzusehr vom Vorbild der Designstudie abweicht. Heikel kann die Sache werden, wenn VW sich tatsächlich daran machen sollte, ein Cabriolet auf Kiel zu legen: Die geschliffene, hochgespannte Form des New Beetle ließe sich möglicherweise mit einem Textilverdeck nicht angemessen reproduzieren.

Der New Beetle ist selbstverständlich kein schlichtes Alltagsauto, wie der alte Käfer es war. Volkswagen hat sich vorgenommen, mit dem neuen Produkt eine Nische zu besetzen – allerdings ganz alleine. Es handelt sich beim New Beetle um ein ziemlich schnelles Spaßauto, das technisch auf dem neuesten Stand ist und die Kompetenz des Herstellers auch sichtbar machen will. Die technoide Seite des neuen Käfers signalisiert vorzugsweise das Interieur des Fahrzeugs, speziell die Instrumententafel, die sich wegen der weit vorgeschobenen Windschutz-

WOB SP 60

WOB-1995

scheibe als überbreites Pult präsentiert. Ein futuristischer Hauch à la Raumschiff Enterprise weht deshalb durch die Kabine, die vorne viel und hinten in der Tat wenig Platz respektive Kopffreiheit bietet.

Trotz der Bemühung, auch im Wageninnern ein eigenständiges Design zu bieten, finden sich im Cockpit des Autos gewollte Reminiszenzen an den alten Käfer. Die Schalttafel ist symmetrisch aufgebaut, es gibt das traditionelle, allerdings komfortabel vergrößerte und mit zeitgenössischer Grafik versehene Rundinstrument, die berühmt-berüchtigte Blumenvase und natürlich den Beifahrerhaltegriff. Der Materialmix aus Kunststoff und Leichtmetall wirkt jedoch einem eventuell aufkommenden Nostalgieschub entgegen.

Kulturellen Eigenheiten bzw. regionalen Straßenverhältnissen tragen zahlreiche „cupholder" und fehlende Ascher (in der US-Version), alternative Meilen- und Kilometerzähler sowie unterschiedliche Fahrwerke Rechnung. Sportsfreunde können stärkere PS-Versionen des New Beetle ordern.

Ein wenig futuristisch, ein bißchen sportlich: das Interieur des New Beetle.

Vollgas

„Halt! Stop! Bitte mal stehenbleiben!" Ein Herr mittleren Alters in Freizeitkleidung hastet über die Straßenkreuzung, im Schlepptau die Gattin, eine (Schwieger-)Mutter und zwei Teenager. „Wir müssen uns das mal ansehen." Der Mann hat Nerven: Wir stehen vorne am weißen Strich, die Ampel wird gleich auf Grün schalten, und hinter uns warten noch mehrere Autos.

„Ich muß da mal reingucken", sagt der Herr unbeirrt und steckt seinen Kopf durchs halbgeöffnete Seitenfenster. „Der neue Käfer, wie? Tja, ich hatte auch einen Käfer. Lange her. War doch eine schöne Zeit." Die Herrschaften haben sich mittlerweile leger um unseren New Beetle (eine US-Erstausgabe) gruppiert. Die Schwiegermutter lächelt

milde vom Mittelstreifen herüber. Die Gattin umkreist das Fahrzeug im weiten Radius. Die Straßenkreuzung ist blockiert. Nur die beiden Halbwüchsigen – zwei junge Mädchen – drücken sich brav auf der Beifahrerseite die Nase an der Scheibe platt. Im alten Käfer hätte man als Kavalier nun lässig einen langen Arm gemacht und die Scheibe heruntergekurbelt – oder die Tür geöffnet. Das geht im New Beetle nicht mehr so einfach: Sicherheitsgurt los, weiter rüberbeugen als je zuvor und die Taste für den elektrischen Fensterheber suchen. Vorne bietet der neue Käfer wirklich viel Platz, auch in der Breite. Und Technik: flexible Steuersäule. Klimaanlage. Servolenkung. Air bags vorne. Air bags seitlich. Ja, die modernen Zeiten: Vom „love bug" zum Air bag.

Apropos „love bug"! Was damals irgendwie ging, wenn es denn geschah, kann im New Beetle nicht unmög-

lich sein; denn die Rückenlehnen der bequemen Sitze sind vorne und hinten umklappbar. Die ordentliche Stereoanlage verbreitet deutlich mehr Stimmung als ehedem das kleine Dampfradio mit dem charakteristischen Lautsprecherdesign.

Der New Beetle fördert die Kommunikation. Fast bis zum Überdruß – es wird wohl noch eine Weile so bleiben. Daß sich im neuen Käfer der wohlbekannte Golf gewissermaßen versteckt, ist kein Thema. Thema sind die Gefühle, die das Auto weckt, die alten und die neuen: „Sieh mal, das sportliche Lenkrad! Ah, der Schalthebel! Weißt du noch, wie du damals immer mit dem langen, dürren Stock 'rumgerührt hast? Und wie lange ich gebraucht habe, bis ich dir die Sache mit dem Zwischengas erklärt hatte?"

Der mit dem Zwischengas, das ist natürlich ein ganz alter Hase. Er war schon mit dem Kübelwagen unterwegs, in Wehrmachtsuniform.

Auf der Autobahn macht es Spaß, mit dem New Beetle mal eben eine jener solide motorisierten Limousinen mit eingebauter Vorfahrt zu überholen. Das geht, sogar recht gut. Erst dann wird die wassergekühlte Frontmaschine

Vom „love bug" zum Air bag: der New Beetle ist ein modernes Auto.

MICHIGAN
39M 761
MANUFACTURER PLATE

annähernd so laut wie früher der heisere Heckmotor des Standardkäfers schon in seinen normalen Drehzahlen. Und dann, unterwegs auf engen, kurvigen Seitenstraßen, erinnern wir uns plötzlich wieder der Eigenheiten des Heckantriebs: Wie war das noch? Immerhin, das Verhalten des alten Käfers hat seinen Fahrern sportliche Reflexe antrainiert, die man heute gar nicht mehr haben möchte.

Also: Als reines Fortbewegungsmittel hat der New Beetle mit dem früheren Käfer kaum noch etwas zu tun. Fahrberichte sind überflüssig. Was zählt, sind frische Anekdoten, welche die Erinnerung in die Zukunft fortschreiben. Anekdotisches aus voller Fahrt, im Stau und von stillen Parkplätzen. Die Maschine sei jetzt vorne, berichtet die VW-Werbung, aber das Herz des New Beetle sitze noch am rechten Fleck. So soll es sein. Denn wir wollen es ja so haben.

Schon zu perfekt für ein Road movie? Wegen seines kräftigen Antriebs wird man den New Beetle jedenfalls häufig von hinten zu sehen bekommen.

Fünfter Gang: Ausblick

Mit dem New Beetle stellt sich – Retro-Design hin oder her – natürlich die Frage, ob dieser neuen Käfergattung ein ähnlich langes Leben beschieden sein könnte wie der alten. Grundsätzlich dürften bei der Einschätzung der Überlebenschancen dieses schon vor Jahrzehnten zur Kreatur erhobenen Automobils ähnliche Überlegungen gelten, wie die Natur sie seit Jahrmillionen anstellt: Bleibt eine Art angepaßt an die jeweils herrschenden Verhältnisse, kann sie gut und gerne überdauern.

Als schickes Auto mit charismatischem Design gehört der New Beetle zweifellos zur Gattung der gut angepaßten Käfer. Über seine Nützlichkeit ist dagegen noch nicht entschieden. Nützliche Käfer gibt es verhältnismäßig wenige – Marienkäfer gehören zum Beispiel dazu, aber auch die Puppenräuber. Nun erwies sich zwar nicht gerade der alte VW-Käfer, aber doch immerhin seine flotte Cabrio-Version als ausgesprochen talentierter Puppenräuber (Calosoma sycophanta): im politisch heute nicht mehr korrekten Sinn natürlich. Der New Beetle sieht dagegen eher dem Marienkäfer (Coccinella septempunctata) ähnlich.

Fest steht lediglich: Beim New Beetle handelt es sich weniger um eine Mutation als um eine Neuschöpfung. Kann er ähnliche Sympathien wecken wie sein Vorläufer? Wird ihm womöglich seine Perfektion im Wege sein? Wie dem auch sei – in dem Maß, wie es dem New Beetle gelingt, starke Emotionen zu mobilisieren, wird der alte Käfer-Mythos wohl verblassen.

Sechzig Jahre und ein bißchen zu leise: Vielleicht hat ja der New Beetle wirklich das Zeug zum Kultauto. Aber dann wird es ein Kult von morgen sein.

Bildnachweis / *Picture Credits*
S./p. 18, 19: Deutsches Filmmuseum, Frankfurt am Main; alle anderen Abbildungen: mit freundlicher Genehmigung der Volkswagen AG, Wolfsburg
all other images: With kind permission of Volkswagen AG, Wolfsburg.

Service
Wir senden Ihnen gerne unser Verlagsverzeichnis.
Verlag form. Bücher und Zeitschriften zum Thema Design.
If you would like to receive our catalog, please contact us:
Verlag form. Books & Magazines on design issues.

Phone: +49 (0) 69 94 33 25-0
Fax: +49 (0) 69 94 33 25-25
E-Mail form@form.de
Internet www.form.de

Impressum / Imprint

Englische Übersetzung / *Translated into English by*: Katja Steiner, Bruce Almberg

Redaktion / *Editorial Department*: Anne Hamilton
Konzeption, Gestaltung, Produktion / *Conception, Graphic Design, Production*:
Andreas Liedtke, Bettina Hermann, Matthias Strobach
Absatz, Gesellschaft für Kommunikations-Design, Frankfurt am Main

Litho / *Lithography*: Hans Altenkirch, Mediaproduktionen GmbH, Nieder-Olm

Druck / *Print*: Color Druck, Leimen

Die Deutsche Bibliothek – CIP-Einheitsaufnahme
Marquart, Christian: Beetlemania : der neue Käfer ist da! /
Christian Marquart. - Frankfurt am Main : Verl. form, 1998
Engl. Ausg. u.d.T.: Marquart, Christian: Beetlemania
ISBN 3-931317-33-1
Marquart, Christian: Beetlemania : Return of the Bug /
Christian Marquart. Transl. into Engl. by: Katja Steiner
and Bruce Almberg.- Frankfurt am Main : Verl. form, 1998
Dt. Ausg. u.d.T.: Marquart, Christian: Beetlemania
ISBN 3-931317-32-3